**Landscape of Faith
Architectural Interventions along
the Mexican Pilgrimage Route**

Paisaje de fe
Intervenciones arquitectónicas a lo largo
de la Ruta del Peregrino en México

MW00643346

Landscape of Faith

Paisaje de fe

**Architectural Interventions
along the Mexican Pilgrimage Route**

Intervenciones arquitectónicas a lo largo
de la Ruta del Peregrino en México

Edited by Editado por

Tatiana Bilbao Estudio

Photographs by Fotografías de

Iwan Baan

Essays by Ensayos de

Verónica Gerber Bicecci
Daniel Saldaña París

Lars Müller Publishers

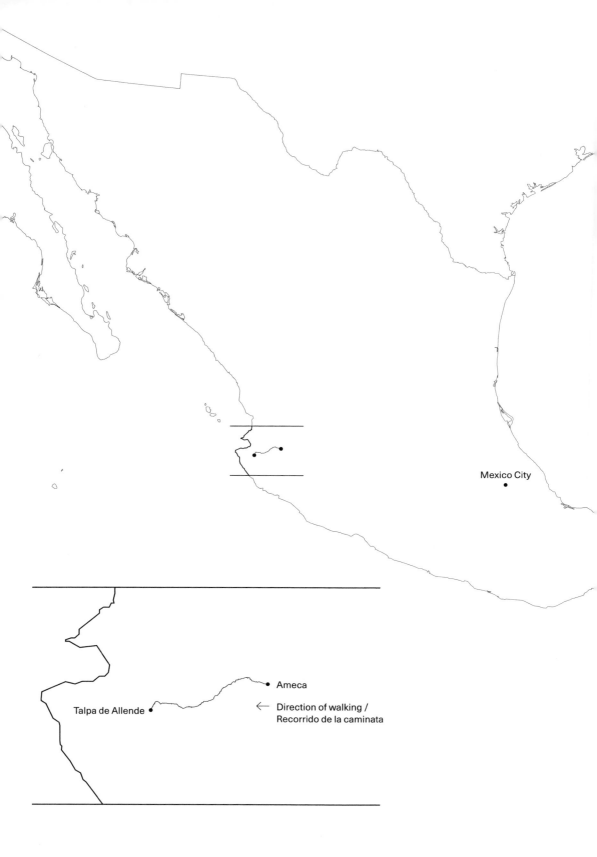

Mexico City

Ameca

← Direction of walking /
Recorrido de la caminata

Talpa de Allende

Talpa de Allende

Altitude / Altitud (m)

2250
2000
1750
1500
1250
1000

117   107   79 77

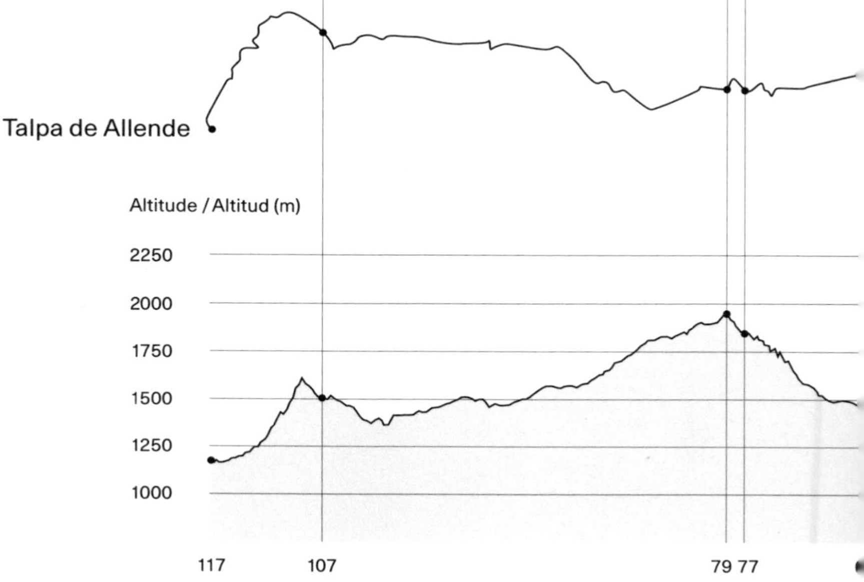

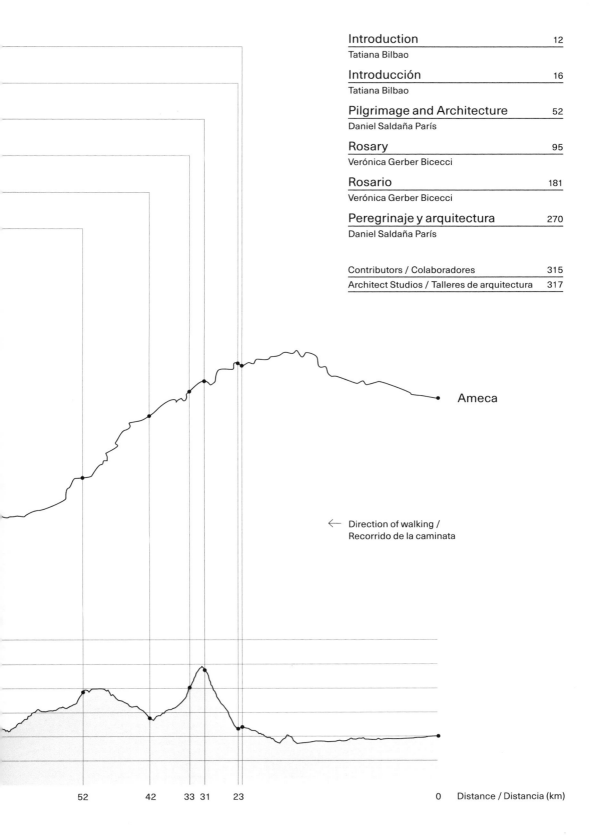

Ameca

← Direction of walking /
  Recorrido de la caminata

52   42   33 31   23   0   Distance / Distancia (km)

Introduction

Tatiana Bilbao

A pilgrimage is an important moment in a person's life. Traditionally it is a journey of moral or religious significance and though its origins may be traced back for centuries, in some places it is still a living practice. When a pilgrim, out of an act of devotion or expiation, either individually or in the company of family or community, undertakes a multi-day journey by foot, he or she is hoping to receive something in exchange. Some may be seeking prosperity; others, asking for the favor of the divinity, may be on their way to paying or earning it.

Every year close to three million people trek from Ameca to Talpa de Allende to visit the site where the Virgin is said to have appeared. The project of the Pilgrim's Route began with an invitation from Jalisco's Secretary of Culture to upgrade the original path with essential services and monumental spaces that would enrich this special trajectory. The principal objective was to improve its infrastructure and to create areas for people to eat, rest, and reflect, as well as offer a series of symbolic lookout points that would engage in a dialogue with the landscape.

While the impact potential inherent in the brief quickly became evident, we also realized how removed we were, as architects from another part of the country working remotely, from the conditions on the ground. To us, the first and most important task was to educate ourselves as far as possible about the route, its culture, and its history, as well as the pilgrims, while concurrently accepting it would never be possible to achieve a complete integration. While a certain parallax always prevents one from achieving the perspective of the Other, it is possible to begin a genuine and honest dialogue that brings into focus the wider vision necessary for a project such as this. For this reason, we collaborated with a broad group of architects and artists, both from Mexico and around the globe. Each participant was given the opportunity to intervene in the route as he or she saw fit, working towards the common goal of erecting a series of structures designed to encourage reflection among its visitors.

We teamed up with Derek Dellekamp to develop the master plan, and invited eight other design practices from around the world to contribute: HHF, Christ & Gantenbein, Ai Weiwei, Elemental, Luis Aldrete, Emiliano Godoy, and Rozana Montiel. Each would create a distinct type of space to delineate the route and offer a different interpretation of its meaning. Regardless of their country of origin, professional formation, or cultural traditions, across the board the participants approached the project in a similar way. Together the group demonstrated a great sensitivity for the context and also for the people who would make use of these spaces. Precisely because there is a large gulf between knowledge and contextual understanding, the majority of interventions were sculptural pieces that marked the end of a stage of the route or that sat atop a vantage point from which special panoramic views of the Sierra Madre could be enjoyed. Meanwhile, the more practical infrastructural commissions were given to Luis Aldrete, the local architect, since it was important for these designs to originate from a practice immersed in the culture of Jalisco as well as that of the annual pilgrimage.

After completion, and upon visiting the project for the first time, the most surprising thing was listening to the frequent visitors' reactions and stories. From these chats, it became clear that the interventions and formal morphologies were not what they cared about the most: the pilgrims felt that the true victory was, after years of being asked to help, the government had actually listened. Finally there existed resting places, or spaces with access to clean water and sanitary services; furthermore, the trail was marked legibly at last. Pilgrims could now not only appropriate the space—something evident from the commemorative marks found on the floors and walls of most of the stops—but the very experience itself.

As architects this surprised us; having studied the site, its people, and their edifications and culture so extensively, we had not attained the level of local knowledge we believed we had. Instead, we became cognizant of how removed we were, and in the end we accepted that it was better to understand and make clear that, in a certain sense, we were foreign agents inserting works on the path that could nonetheless establish a dialogue between the people and the government, the individual and the collective, and a place where history is not only told but manifested. Other aspects of the project shone through since pilgrims had managed to adapt the designs—which were in a certain way imposed upon them—to an established and vibrant culture. Interventions such as these are a testament to the power of identity, independent of what religion one belongs to or even the extent of one's religiousness. By adding different layers of meaning that combine with and transpose one another, it is possible to participate in something even more universal than religion: the experience of faith.

Introducción

Tatiana Bilbao

El peregrinaje es una experiencia importante
en la vida. Tradicionalmente, se trata de una travesía
con significado moral o religioso, y aunque su
origen se remonta varios siglos atrás, en algunos
lugares sigue siendo una costumbre viva. Cuando
un peregrino, ya sea como un acto de devoción
o de expiación, de manera individual o en compañía
de su familia o comunidad, emprende el viaje
de cuatro días, tiene la esperanza de recibir algo
a cambio. Algunos pueden ir en busca de pros-
peridad; otros pueden encontrarse en el camino
para pagar o merecer el favor de la divinidad.

Cada año, cerca de tres millones de personas
recorren el camino de Ameca a Talpa de Allende
para visitar el sitio donde, se dice, apareció la
Virgen. El proyecto de la Ruta del Peregrino surgió
de la iniciativa del secretario de Cultura de Jalisco
para dotar al tradicional trayecto hacia Talpa de
servicios básicos y espacios monumentales que
enriquecieran la experiencia espiritual. El objetivo
principal fue brindar más y mejor infraestructura,
crear lugares donde se pudiera comer, descansar
y reflexionar, así como construir sitios simbólicos
y miradores que dialogaran con el paisaje.

Enfrentados a la realización, de manera remota, de un proyecto arquitectónico con tal capacidad de impacto, resultó evidente cuán ajenos éramos a las condiciones locales de la ruta. Por lo tanto, nuestra primera tarea consistió en conocer lo más posible de la ruta, su cultura, su historia y sus peregrinos, sin pretender que una integración completa fuera posible. No obstante la existencia de la otredad, que pone distancia entre dos –o más– puntos de vista, partimos de la convicción de que, sin importar la situación, es posible iniciar un diálogo genuino y honesto que permita adquirir una visión amplia e inclusiva, indispensable para este proyecto. Por esta razón colaboramos con un grupo diverso de arquitectos y artistas de México y otras partes del mundo. A cada uno de ellos le fue dada la oportunidad de intervenir la ruta a su propia manera, mediante una serie de estructuras diseñadas para propiciar la reflexión entre los peregrinos.

En conjunto con Derek Dellekamp, desarrollamos el plan maestro e invitamos a ocho arquitectos y artistas plásticos de distintas partes del mundo –HHF, Christ & Gantenbein, Ai Weiwei, Elemental, Luis Aldrete, Emiliano Godoy y Rozana Montiel– para que cada uno creara un espacio para la ruta que ofreciera una perspectiva particular de su significado. No obstante las diferencias en términos de nacionalidad, formación o tradiciones, el acercamiento al proyecto fue similar para muchos de ellos. De distintas maneras, se mostró una profunda sensibilidad hacia el contexto y la gente que ocuparía los espacios. A causa de la gran distancia existente entre el conocimiento y el entendimiento del contexto, la mayoría de las intervenciones consistieron en piezas escultóricas que marcan el fin de un tramo o un punto desde el cual se obtienen vistas panorámicas de la sierra. Por otra parte, a Luis Aldrete, en tanto arquitecto local, se le asignaron las piezas infraestructurales de mayor practicidad, pues era importante que el diseño estuviera a cargo de un despacho cercano a la cultura de Jalisco y, particularmente, a los peregrinos de Talpa.

Al recorrer por vez primera la Ruta del Peregrino, una vez concluido el proyecto, lo más sorprendente fue atestiguar las reacciones de la gente y escuchar sus historias. Platicando con ellos, lo más claro fue que las intervenciones y su morfología no les parecían lo más importante: en cambio, lo era la sensación de haber obtenido una gran victoria, pues, después de muchos años, el gobierno finalmente había atendido sus peticiones. Ahora contaban con lugares para descansar, con acceso a agua y a servicios sanitarios; al fin, también, el trazo de la ruta estaba marcado. Esto les ayudó a los peregrinos a apropiarse no sólo del espacio –lo que es evidente en las marcas y dibujos que dejan sobre los muros y suelos de las paradas– sino de la experiencia misma.

Como arquitectos, esto nos sorprendió porque, a pesar de haber estudiado cuidadosamente el sitio, su gente y sus edificaciones, descubrimos que no habíamos logrado conocer la cultura local como pensábamos. En lugar de eso, aprendimos sobre la distancia que nos separaba de ellos, y reconocimos que era mejor entender que somos agentes ajenos y que las obras que insertamos en el camino contribuyeron a establecer el diálogo entre los peregrinos y el gobierno, entre lo individual y lo colectivo, en un espacio donde la historia no se cuenta, sino que se manifiesta. Con el paso del tiempo, la gente logró adaptar las estructuras que, de cierta manera, fueron impuestas a una cultura ya establecida. Intervenciones como esta son testimonio del poder de la identidad, sin importar la religión a que se pertenezca o el nivel de devoción que se profese. Al añadir diferentes capas de significado –que se combinan y traslapan– es posible participar en algo más grande que la religión: la experiencia de la fe.

... the pilgrim walks towards a destination that is both external and internal.

Daniel Saldaña París

Pilgrimage and Architecture

Daniel Saldaña París

*An Eskimo custom offers an angry person release
by walking the emotion out of his or her system
in a straight line across the landscape; the
point at which the anger is conquered is marked
with a stick, bearing witness to the strength
or length of the rage.*[1]

Lucy R. Lippard

The ascent of Tepeite, as far as the pools, could take three hours at a good pace. At first, the hill seemed rather bare, the result of logging and the construction of a channel that carries water to the village. The path shadows the course of this rudimentary stone aqueduct, following the sound of the water. As it advances, the conifers cluster more densely around the trail alongside the aqueduct, the slope begins to get steeper, and the wildlife becomes increasingly colorful. The local people, inhabitants of the village of Santa María Ahuacatitlán, mostly roved the lower flanks of the hillside, although a few groups climbed up to the summit. After three hours, the channel reaches its source: a river no more than three or four meters wide at that point—it may be a tributary of the Tetela, I don't know—dotted with idyllic pools where walkers can take a dip.

Tepeite connects Santa María with the Lagunas de Zempoala National Park, through the Huitzilac forest. The most adventurous walkers carry on and descend to the lakes, camping somewhere along the route. One of the footpaths that diverges from the peak turns west and connects with the old road up to Chalma. Although it is not the most frequented path, some pilgrims follow part of the Tepeite route before joining this renowned pilgrims' way, one of the most important in syncretic Mexican Catholicism, on the border of Morelos state and the State of Mexico.

As a teenager, I lived on the slopes of Tepeite, and often followed the course of the canal up to the pools, and a little further on. I would arrive there alone, exhausted, and found the relief I sought in the water. I walked paying attention to the rhythms of my breath and of my steps. I was seeking a kind of silence that can only be reached through aerobic activity, the veins on my forehead standing out with the effort and the distant gaze of someone whose goal might be described as suprasensible. Raised in an atheist family, I never considered joining the pilgrimage to Chalma or any other established pilgrims' route. I observed the pilgrims whose paths I crossed on my climb with admiration, as well as a certain distance: they had a world, and a way of walking, that was closed to me—or so I believed at the time.

But the notion that the advancement of peoples worldwide entails the complete secularization of their customs seems increasingly weak and dubious to me. The forms of the religious transmute themselves and reemerge within secular societies beneath guises that can be hard to identify. Without knowing it, at the age of sixteen I had turned the ascent of Tepeite into a ritual walk all my own, a method of purification that was far from meeting the demands of logocentrism that my education had insisted were unavoidable.

What is it that characterizes ritual walks or pilgrimages? Hinduism calls the sacred sites of a pilgrimage *tirthas*. A *tirtha* is a ford: a place for traversing a water body, the safest spot to cross a river. But the religion conceives of three kinds of *tirtha*: the first is the ford, a confluence of two bodies of water or a river mouth; the second is the mental, inner *tirtha* (the state the pilgrim seeks to achieve within themselves, breath and silence); the third are mobile *tirthas*: people who by virtue of their saintliness have themselves become a sacred *topos*. Almost all systems of worship and the major religions agree on the union of the first two types of *tirtha*: the pilgrim walks towards a destination that is both external and internal.

Tibetan Buddhism is one of the few Buddhist traditions to practice ritual circular walking. Devotees walk in circles around a sacred mountain (Mount Kailash), often performing a full-body prostration every few steps (that is, touching the forehead to the ground, regardless of the terrain). Recent footage of the practice may be seen in Werner Herzog's documentary *Wheel of Time* (2003). What is most interesting about the tradition is that the external destination of the pilgrimage is less important than the inner one: the pilgrims must concentrate on a mandala that they traverse in their imagination as their bodies cross the steep mountain slopes.

"The Laestrygonians and the Cyclopes, / savage Poseidon; you'll not encounter them / unless you carry them within your soul," wrote Cavafy.[2] The goal of the pilgrimage is a dual one, and in the end the destination is irrelevant: "Ithaca gave to you the beautiful journey; / without her you'd not have set upon the road. / But she has nothing left to give you any more." Ithaca, the destination, is a state of mind for the pilgrim: a certain fervor, a sense of peace, a precise modality of enthusiasm.

My ritual ascent of Tepeite resembled, in a way, the Inuit custom described by Lucy Lippard in the epigraph that opens these lines: there was no predetermined goal in the forest, but rather an inner castle—in the words of Saint Teresa de Avila—on which I set my sights, usually advancing with long, swift strides, propelled by the irrepressible vigor of my rage. Walking the Tepeite path to reach a state of inner peace (to reach the ford where I could cross to the other side of myself), without knowing it I was getting closer to an understanding of the pilgrims I would cross paths with from time to time, on their way to Chalma.

Although the pilgrimage is associated with established religions, in reality it precedes and exceeds them. A remnant of nomadism but also a practice that lies at the basis of Western thought—from the peripatetic philosophers of Ancient Greece to the English essayists, by way of Rousseau—walking as a salve for the soul is a notion that transcends epochs and structures. When, in the fall of 1974, Werner Herzog embarked on a personal pilgrimage, walking from Munich to Paris to ask for the salvation of his friend Lotte Eisner, he was not making a comment on the history of pilgrimages, nor ceding ground to the *organized magical thinking* of the major monotheistic religions, but following a universal intuition that has probably defined the human species since the dawn of the bipedal adventure.[3] The connection between walking and the processes of penitence could well lie at the very origin of faith.

Yet pilgrimages are not just about the return of the hero to Ithaca, nor the silent walk of the ascetic, nor the solitary transit of the hermit across the desert of his faith. Pilgrims are gregarious birds, subject to the formations of the flock, to the routes of a community that both precedes them and gives them meaning.

"Modernity cannot be thought of as a politicization/ secularization of societies that would be reflected in a decline in pilgrimages."[4] The idea that humanity can do without the religious dimension altogether fed the dreams of enlightenment rationality—which produced monsters. Today, this goal appears farther away than ever. The eternal return of what has been repressed became a terrifying reality: when societies annihilated the existence of religion by decree, the state as a supreme entity took its place in the totalitarian systems of the twentieth century. The secular pilgrimages of mass politics are merely the dark side of the human need to find meaning while in forward motion.[5]

A peripatetic communion, a pilgrimage means accompanying the other on their path towards themselves. The difficulty of this internal transition, of course, must find a physical translation, a customized adversity. As Rebecca Solnit recalls: "Pilgrims [...] often try to make their journey harder, recalling the origin of the word travel in *travail*, which also means work, suffering, and the pangs of childbirth."[6]

The difficulty of the pilgrimage should be proportional to the petition or the guilt the pilgrim seeks to obtain or expunge. The size of the obstacle imposed depends on the purification that must be experienced to encounter peace. These equivalences or price tables are very precise, and may be dictated by individual faith or by the shared norms of a religious profession.

In Hinduism, when someone commits the supreme offense of killing a Brahmin, they must walk in a straight line in a northeasterly direction, without regard for rivers, mountains or wild beasts, until they meet their death.

The space of the pilgrim's experience cannot be reduced to its Cartesian coordinates. On the pilgrimage, "space is split up into places."[7] The maps that set out the route of pilgrimage contain approximate indications, but above all they reaffirm the symbolic character of the journey. There can be no exact representation of the world, because the landscape of the pilgrim is as much an interior as a physical one. If I had tried to draw a map of my ascent of Tepeite, I would have had to somehow record the variations in my breathing, the moments my heart was beating at full pace, or the sudden glimpse of parrots like mystical suggestions among the scrub. The topography of the pilgrimage is necessarily *hierographic*: it sketches out a spatiality of the sacred.

Meanwhile, the mythical time in which pilgrimages take place must coexist with historical time, which always leaves a trail of blood behind it. In our times, embarking on a pilgrimage in Mexico means journeying through a land scattered with mass graves, and under constant threat from organized crime. But for the pilgrim the danger is an incentive that increases the value of the penitence: even through the bloodiest times of upheaval such as the Revolution or the Cristero War, routes such as the pilgrimage to Talpa, Jalisco, have kept the tradition alive, especially during Holy Week. This continuity cannot be solely attributed to the vigor of the faith—which I don't wish to cast doubt on here—but it is undeniable that the political use of pilgrimages also plays its part, a fascinating parallel history that there is no room for here.

In the Middle Ages, with the Holy Land under Muslim rule, the "substitute pilgrimage" emerged as a key element in the expansion of the Catholic Church. By analogy, any peak, mountain or hill becomes Golgotha. A play of mirrors reflects the topography of Jerusalem around the world in distorted form. Overnight, every hill becomes a Calvary. The mountains lose their individuality and become signs: semantic structures that point to another site. Unlike the ritual walks with a unique goal, like Islam's great pilgrimage to Mecca (which is considered one of the five pillars of the religion), the versatility of Catholicism resulting from the substitute pilgrimage allowed for the identification of places of worship with preexisting religious buildings. In the case of the New World, the mendicant orders took advantage of pilgrims' paths dating from the pre-Hispanic epoch to encourage the evangelization process to take root during the Colonial period.

Together with these strategies, it is interesting to note the type of architecture that the Catholic substitute pilgrimage fostered, and which reached its apogee in the wake of the failure of the Crusades. One construction that derives directly from the substitute pilgrimage is the Calvary hermitage: a building used only for worship on particular days, which pilgrims reach on the day when Christ is believed to have been crucified.

If the cathedral is a construction for all eternity, the fundamental meaning of which is endurance, the hermitage is a building raised for a different timescale: not the immobility of posterity, but the circular time of myth, that activates and deactivates the sacred character of a *topos* in accordance with the religious calendar. The simple nature of the early hermitages reflect this peculiar situation of their cyclical relationship with time. The cave hermitage of San Vicente in Pisuerga (Spain), built around the year 932, is an example of this minimal architecture, conceived for the time of rite and of myth. It is a chapel that has been excavated from the rock: a rectangular gallery with rough openings, surrounded by a handful of tombs. The hermitage is a provisional temple, but above all a place of shade and of shelter: enough of a roof for the pilgrim to get out of the direct sun in spring.

Six years ago, Dan Stevenson, a resident of East 19th Street in Oakland, California, decided he was fed up of seeing piles of trash in front of his house. It was a rough neighborhood, with small-time drug dealing and prostitution, but the only thing he wanted to fix was the trash building up. So he bought a statue of the Buddha and glued it to a rock on the corner. Dan is no Buddhist, but he thought that placing the statue there would mean that the followers of any religion—or none—would stop leaving bags of trash there. The Buddha not only dissuaded his neighbors from tossing their trash on the spot, but became a site of pilgrimage for Oakland's Vietnamese community. One particular family adopted it. The built a miniature shrine for it, painted it, and people began to leave offerings. Slowly, the Buddha began to attract visitors from near and far. Its legend grew through social networks and newspaper articles.[8] The celebrity acquired by the shrine slowly led to a change in the area. The drug dealers and prostitutes were gradually displaced by seniors, tourists and families who came to leave their offering or take a picture with the Buddha of 19th Street. In this way, a minimal, incidental intervention by a citizen triggered a series of urban changes, thanks to pilgrimage.

Of course, there are also pilgrimages that demand the construction of entire instant, portable cities like those described by Marco Polo to the great Kublai Khan in the book by Italo Calvino.[9] The Hindu *Kumbha Mela*, held every twelve years, is the largest pilgrimage in the world. In 2013, around 120 million people came over two months to bathe in the waters of the Ganges, in an area covering just 20 square kilometers. It is calculated that as many as 30 million pilgrims arrived in a single day. Allahabad, the city that received this enormous number of visitors, has an established population of a little over one million. The festival infrastructure figures speak for themselves: a 100-bed hospital and twelve smaller health centers, 156 kilometers of highways, over 80 million liters of drinking water, 25,800 tons of rice and wheat, 30 police stations and 40 security posts, 22,000 street lights, parking for 231,000 vehicles (including buses and trailers), 750 trains...[10] What is the scale of the ephemeral? And how ephemeral can something really be that must repeat itself without interruption while humanity stubbornly persists on turning in circles?

The architecture of pilgrimage is faced with a dual challenge: to be faithful to the inner landscape of the pilgrim, foster the mental *tirtha*, evoke the mandala, or refer, by substitution, to the ascent of Golgotha; and at the same time to function as a shelter and place of protection for a floating community that passes by, on their knees or performing prostrations, on their ritual path towards a certain calm.

In the India of the 3rd century BC, the Emperor Ashoka waged a war in which over 100,000 people died. Regretting the suffering he had caused, Ashoka converted to Buddhism and undertook a pilgrimage to the four fundamental sites indicated by the Buddha: where the enlightened one was born, where his awakening took place, where he delivered his first sermon, and where he passed away, in the company of his disciple. Ashoka had a temple built at each site to receive the pilgrims, thereby ensuring the first major expansion of Buddhism.[11]

Building for a pilgrimage means laying the foundations for a dispersed community. Under the roofs of the hermitages carved into the mountainside, the tents of Allahabad, the Well of Zamzam on the way to Mecca or the shadow of the tall ahuehuete trees on the road to Chalma (where pilgrims already headed in pre-Hispanic times to honor the Lord of the Caves), the religious becomes political: conversion and conversation come together where the pilgrims sit down to share water.

1 *Overlay: Contemporary Art and the Art of Prehistory*, The New Press, New York, 1995.
2 "Ithaca," translated by Daniel Mendelsohn, in C.P. Cavafy, *Collected Poems*, Random House, New York, 2009.
3 Herzog's account of this pilgrimage is found in *Of Walking in Ice*, University of Minnesota Press, Minneapolis, 2015.
4 Luc Chantre, Paul D'Hollander and Jérôme Grévy (coord.), *Politiques du pèlerinage. Du XVIIe siècle à nos jours*, Presses Universitaires de Rennes, Rennes, 2014.
5 For example, the tomb of Mussolini, which attracts some 24,000 pilgrims every year, according to Giovanni Sedita (*ibid.*, p. 341).
6 *Wanderlust. A History of Walking*, Penguin, New York, 2000.
7 Heidegger, *Being and Time*, trans. Joan Stambaugh. SUNY Press, Albany, NY, 2010, p. 101.
8 "He's neutral," in *Criminal*, episode 15: http://thisiscriminal.com/episode-15-hes-neutral/
9 *Invisible Cities*, trans. William Weaver. Vintage, London, 1974.
10 "Kumbh Mela festival" on BBC News India (http://www.bbc.com/news/world-asia-india-20935019), consulted on August 15, 2016; and "Official Website of Kumbh Mela 2013" (http://kumbhmelaallahabad.gov.in/english/kumbh_at_glance.html), consulted on August 15, 2016.
11 Alberto Pelissero, Nicoletta Celli *et al.*, *Pellegrinaggi*, Mondadori Electra, Milán, 2011.

These ideograms will outlast us, as vestiges of a lost faith. When we are long gone, the traces of this Rosary, this codex inscribed across the land will remain.

Verónica Gerber Bicecci

Rosary

Verónica Gerber Bicecci

Recite a rosary. Think of the course of the prayer, the murmuring. One by one, each bead is a path for the spirit. Ten Hail Marys, ten small beads. Each ten beads, a larger, different one marks the mysteries, the Our Father, the Hail, Holy Queen. The cross indicates the beginning and the end.

Mentally sketch out the codex of the Pilgrim's Route: each station along the way appears in this parchment as an inscription, an abstract writing. It is a text inscribed on the landscape with cement and bricks. Each station draws an ideogram within a vast and mysterious prayer:

I III X __i mmmm __/\> * <mm> (Q) L__ o ii/\ii

I III
Gratitude Open Chapel
Four stele. A means of orientation. North, South, East, and West: there are always four possible routes. Architecture sometimes functions like a compass rose. Make the sign of the cross.

X
Cerro del Obispo Lookout Point
A vertical viewpoint, to remember that someone
is up there. The light enters from above and
illuminates us. Architecture almost always writes
itself vertically and obliges us to raise our eyes.
Recite one Our Father.

——i
Estanzuela Sanctuary
A long passageway inserted into the mountain.
Half of the structure is hidden below ground. A path
to the precipice, towards the horizon. Architecture
also tends to insist on the path, there is no vertical
without horizontal. Recite three Hail Marys.

mmmm
Estanzuela Shelter
A shelter is recognized by its roof. The body can
lie down and rest in a place of protection. Architecture imposes a sky a little lower than that of the
firmament. Recite the Glory Be.

___/\\>
Las Majadas Hermitage
In architecture, the triangle generates a sense of
security as it can bear a lot of weight without being
deformed. The walls embrace and shake hands
at this point. Announce the first mystery.

*
Garlands
The pilgrims leave messages beneath the garlands
or in the small shrines along the way. Their
name and surname, the year. There are also arrows,
slogans, inscriptions, and graffiti everywhere.
Announce the second mystery.

<mm>
Atenguillo Shelter
In a refuge it is also like being in a tomb. Tombs are
the end, or perhaps a portal to another dimension.
Announce the third mystery.

(Q)
Los Guayabos Lookout Point
Ascending spirals, arches. Stairs. Architecture builds
a network between empty space and occupied
space. The spiral recalls a labyrinth. Announce the
fourth mystery.

L__

Espinazo del Diablo Lookout Point

At the highest point of the journey there is a great
window at the end of a tunnel. Windows are
the transparent enigma of architecture. A frame
that describes the frontier between outside
and inside. Gaze, be the boundary for a moment.
Announce the fifth mystery.

o

Void Temple

The final station before reaching the shrine suggests
infinity. The circle is a continuous figure. It is
rare for architecture to be suspended in space.
Contemplation. From here on the journey continues
in a different fashion. Faith is the thing that floats,
stirs, and shimmers in the body, and which cannot
be described. Recite the Hail, Holy Queen.

ii/\ii

Basílica de Nuestra Señora del Rosario de Talpa

The stations up to this point have inscribed this
Rosary. This architectural text led us here, to Talpa.
Architecture is space, but in reality its logic is
that of a journey through time. Amen.

Imagine the future: the stones will outlive us.
These ideograms will outlast us, as vestiges of a lost
faith. When we are long gone, the traces of this
Rosary, this codex inscribed across the land will
remain. Other pilgrims will come, from other
civilizations, to decipher these places, or what is left
of them. Just as we do with the ruins around us,
the texts and rituals of those who went before us.

Área de servicios

Basic Services Infrastructure

Location Ubicación
_____
Lagunillas, Jalisco, México

Architectural project Proyecto arquitectónico
_____
Godoylab

Due to the length of the trail, the varying conditions from one point
or town to the next, and the differences in terrain on the route,
the project for service areas was proposed as a way of providing oases
that maintain green foliage and give a sensation of abundance, even
though the surrounding environment is arid and dry for most of the year.
The open and democratic character of these areas mean that every-
one is afforded a place to sit and rest; pilgrims are offered temporary
shelter from the sun and heat.

We generated an initial proposal that focused on the water shortage
suffered during and after the pilgrimage, by both the pilgrims
and the local communities. This proposal relied on the construction
of prefabricated modules to be placed in several locations along
the route, shortening the distance between water sources. For the rest
of the year, these modules would also serve as rainwater collection
stations that would benefit local communities.

Although a prototype was built—albeit of rather poor quality—the
commitment to install the prefabricated modules along the route did
not come through. Therefore we decided to generate a new project
that involved fewer locations, but which still addressed the water issue
in those places and also dealt with other needs such as restrooms,
cooking stations, and shaded rest areas.

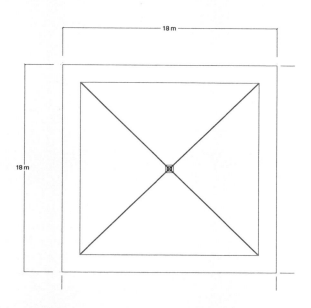

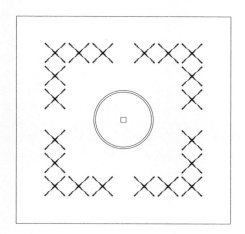

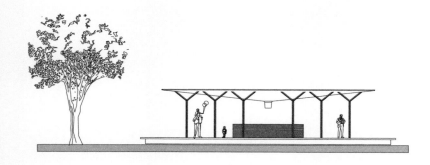

Debido a la longitud de la ruta de peregrinaje, las diversas condiciones de cada uno de los pueblos que atraviesa y las diferencias topográficas, el proyecto para las áreas de servicios se propuso como un oasis con vegetación siempre verde con el fin de dar una sensación de abundancia, aunque el paisaje circundante sea árido durante la mayor parte del año. Las estructuras donde se encuentran estas áreas de servicios tienen un carácter abierto y democrático, para que cualquiera pueda sentarse, descansar y refugiarse del sol y del calor.

La propuesta inicial se generó en torno a la escasez del agua, pues la época de sequía coincide con las fechas de peregrinaje, lo que afecta tanto a los peregrinos como a los pueblos situados a lo largo de la ruta. Esta propuesta consistía en módulos prefabricados que se colocarían en diferentes puntos del camino para acortar las distancias entre las diversas fuentes de agua. Fuera de los meses de peregrinaje, estos módulos servirían para recolectar agua para el beneficio de las comunidades de la zona. Si bien llegó a construirse un prototipo, no se le dio seguimiento a esta propuesta, pues se optó por otra con menos intervenciones, que consiste en una fuente de agua y también ofrece otros servicios como sanitarios, cocinas y lugares de descanso.

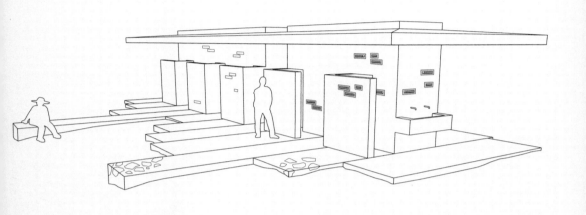

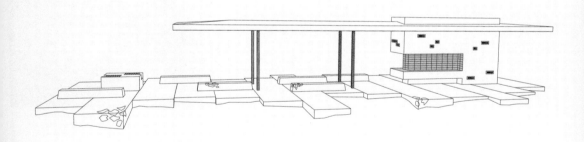

Área de servicios

Capilla Abierta de la Gratitud

Gratitude Open Chapel

Location Ubicación

Lagunillas, Jalisco, México

Architectural project Proyecto arquitectónico

Tatiana Bilbao Estudio / Dellekamp Arquitectos

At the beginning of the pilgrimage route to the Virgin of Talpa the road leads up the Cerro del Obispo hill; from there we can see the Gratitude Open Chapel sharply outlined against the sky. This is part of a cultural, touristic-religious route, 117 kilometers in length, from Ameca to Talpa de Allende, realized upon the order of the Secretary for Tourism of the state of Jalisco. An incline leads to the wall of promises where the pilgrims declare their personal quests and the motives for their expeditions. And in the same way we enter this symbolic space of gratitude and personal reflection, which consists of nothing but four walls.

Al comienzo de la ruta de peregrinaje al santuario de la Virgen de Talpa se encuentra el camino que asciende al Cerro del Obispo. Desde ahí, delineada contra el cielo, puede apreciarse desde lejos la Capilla Abierta de la Gratitud. Este oratorio, edificado por encargo de la Secretaría de Turismo del Estado de Jalisco, forma parte de un corredor cultural de turismo religioso que va de Ameca hasta Talpa de Allende, con una longitud de 117 kilómetros. Una pendiente indica el camino al Muro de las Promesas, un espacio simbólico de gratitud y reflexión que consta únicamente de cuatro muros, donde los peregrinos revelan el motivo de su expedición y su búsqueda personal.

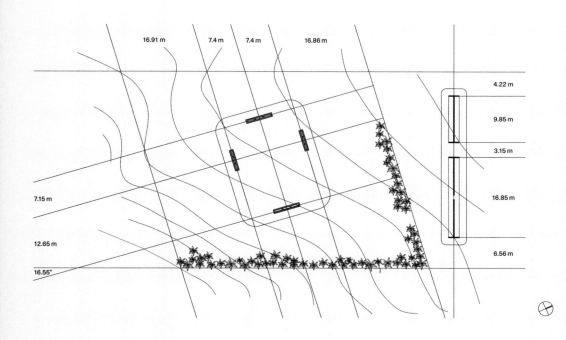

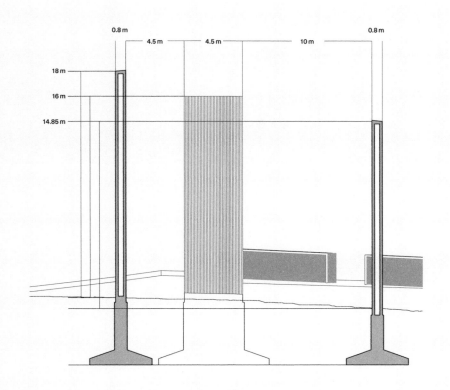

Capilla Abierta de la Gratitud

Capilla Abierta de la Gratitud

Mirador Cerro del Obispo

Cerro del Obispo Lookout Point

Location Ubicación
_____
Lagunillas, Jalisco, México

Architectural project Proyecto arquitectónico
_____
Christ & Gantenbein

The Pilgrim's Column at the top of the 2000-meter-high Cerro del Obispo is almost archaic in character: an architectural object whose only purposes are to mark a special spot in the landscape and to give people a new and different view of their surroundings. Standing high above the woods, it is clearly visible from afar for all those approaching the location.

From a distance the structure, cast entirely in white concrete, appears as a simple form: a plain, vertical, monolithic element. Up close, however, the 26-meter-high column has a complex, organically shaped plan. A single door provides access to the interior. The internal space formed by these shapes is dramatic, almost transcendental: a contorted, windowless room with nothing inside but a view of the sky; the light from above reflects off the pale concrete surfaces within, only just reaching the floor. This is an example of architecture without any symbolic or iconographic intentions.

The spiritual experience is directly connected with an immediate physical and spatial perception, but the column-like object also serves as a reference point for the collective and very lively experience of the pilgrimage. During the months of pilgrimage a kind of village, consisting of tents, food stands, and huts, emerges around the Cerro del Obispo. This means the column becomes the focal point of a meeting place, an urban venue in the landscape, the physical embodiment of the collective spirit that joins these pilgrims together, while from a distance it acts as a signpost along the individual walker's route, a marker almost archaic in character. In this way it is a powerful place for the individual experience as well as a collective center of a spirited society.

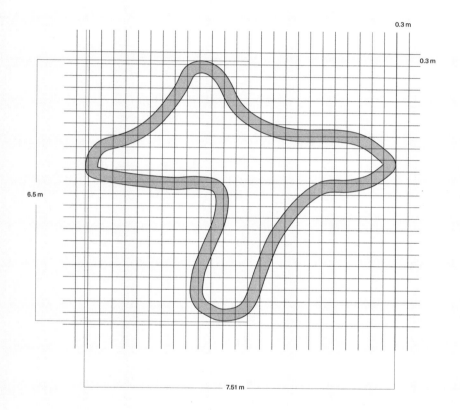

0.3 m

0.3 m

6.5 m

7.51 m

La Columna del Peregrino, en la cumbre del Cerro del Obispo, se encuentra a 2000 metros de altura. Su carácter es casi arcaico: se trata de un cuerpo arquitectónico cuyo único objetivo es marcar un lugar especial en el paisaje que invite a la gente a mirar su entorno con nuevos ojos. La columna emerge sobre el bosque y se convierte en un hito visible desde la distancia por quienes se van acercando a la cima.

Vista desde lejos, la estructura –hecha únicamente de concreto blanco– parece tener una forma sencilla, un elemento monolítico vertical, pero desde cerca, la columna de 26 metros de altura revela su complejidad y su carácter orgánico. Una puerta indica la entrada a su interior: este espacio –cuya planta tiene formas curvas– es dramático y trascendente. No tiene ventanas y su única vista es hacia el cielo. La luz se refleja en las paredes y apenas roza el piso. Esta columna es ejemplo de una arquitectura sin simbolismo o, dicho en otras palabras, sin intención iconográfica.

Al interior de la columna, la experiencia espiritual del peregrino está directamente conectada con su existencia física individual y su percepción espacial, mientras que, afuera, la estructura se convierte en un lugar de reunión, donde se manifiesta el acto social que es el peregrinaje. Durante la época en que éste ocurre, alrededor del Cerro del Obispo surge un "pueblito" informal hecho de carpas y toldos donde se sirve comida y se venden recuerdos. Por contraste, el "pueblito" le confiere a la columna un carácter focal, convirtiéndola en un sitio urbano dentro del paisaje natural, que simboliza el espíritu colectivo de los peregrinos. De este modo, el mirador se convierte en un espacio tanto para la meditación individual como para la encarnación del espíritu colectivo.

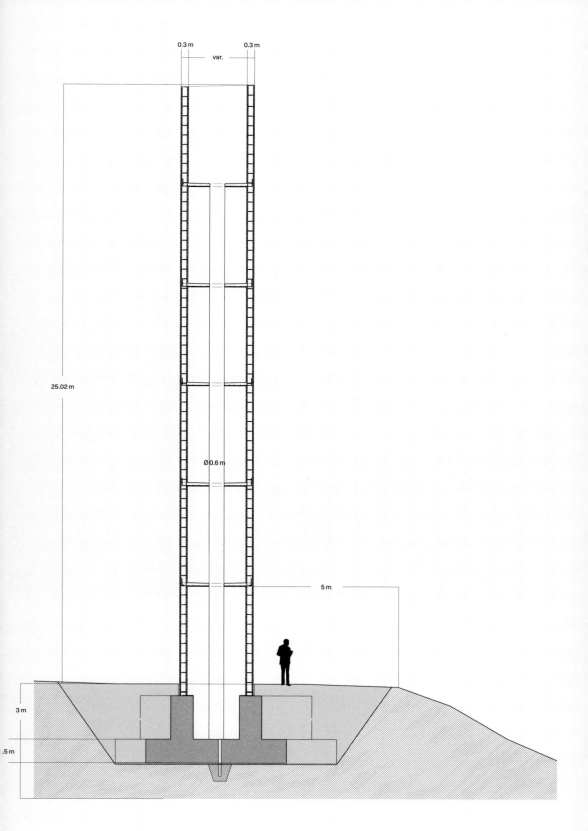

0.3 m   0.3 m

var.

25.02 m

Ø 0.6 m

5 m

3 m

.5 m

Mirador Cerro del Obispo

④ Santuario Estanzuela

Estanzuela Sanctuary

Location Ubicación
La Estanzuela, Jalisco, México

Architectural project Proyecto arquitectónico
Ai Weiwei / FAKE Design

A line, transformed into an architectonic element, redirects and obstructs the path of pilgrims traveling through the site. The line, indicating North and South, is both submerged within the landscape and elevated above it. As a sanctuary, pilgrims and visitors are invited to experience intimacy, shelter, and openness, with a continuous bench unifying both submerged and elevated spaces into the singular element of a line.

Una línea trazada en el paisaje y transformada en elemento arquitectónico, intersecta la ruta de los peregrinos a la mitad. Orientada de sur a norte, la línea se sumerge en la pendiente del terreno y también se eleva sobre ella. Una banca continua unifica los espacios sumergidos y los elevados. Como en un santuario, este albergue al aire libre invita a peregrinos y visitantes a tener una experiencia íntima y personal del recorrido.

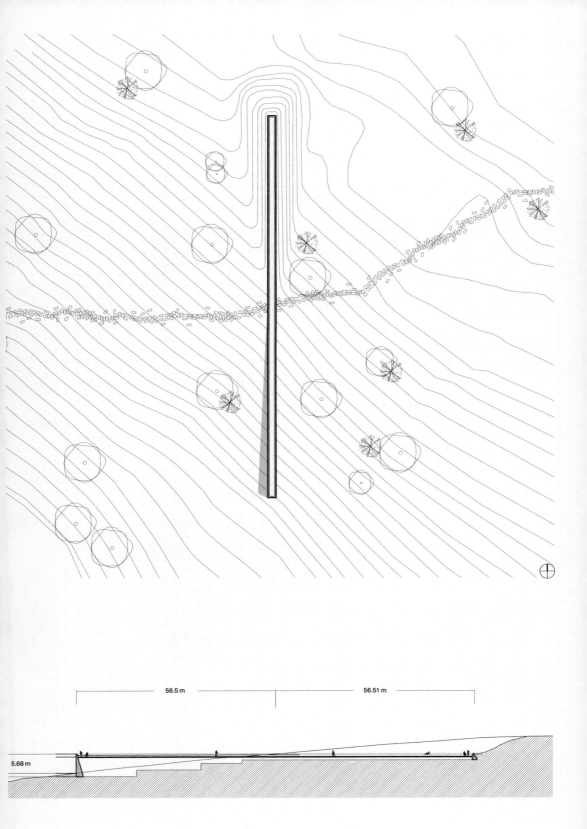

56.5 m 56.51 m

5.68 m

Santuario Estanzuela

Albergues Atenguillo y Estanzuela

Estanzuela and Atenguillo Shelters

Location Ubicación

La Estanzuela / Atenguillo, Jalisco, México

Architectural project Proyecto arquitectónico

Luis Aldrete

Because the number of pilgrims is so large, developing a program that would be adaptable to the travelers' needs was no easy task, so, based on the fundamental idea of providing shade and water, we chose to design buildings able to operate flexibly, providing only basic services such as showers, toilets, and sinks, and mostly offering large open spaces that could operate as sleeping, resting, or multipurpose rooms.

After a thorough analysis and understanding of the context, the inhabitants' manners and customs, religious symbols, colors, textures, materials, and how all these elements are used in a vernacular way, the key points that would direct the project became apparent. There would be a clear design strategy in which contemporary aesthetics and the appropriation of local materials would allow different visitors to identify with the shelters by taking them back to experiences embedded in their memories.

The architectural strategy consists of a series of base modules which can be multiplied in order to give form to the project, and which make the project capable of adaptation and growth. The atmosphere makes sense when two pieces made of adobe clay, which provides one of the predominant colors of the region, configure the space. One of the pieces is essential to set up a lattice perimeter for the buildings that reflects the play of light and shadows created by the canopies of oak leaves used in most of the rest of the surroundings.

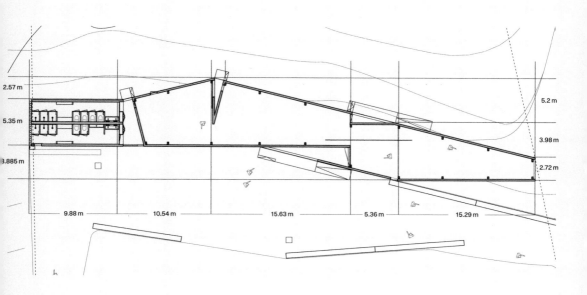

2.57 m

5.35 m

3.885 m

9.88 m   10.54 m   15.63 m   5.36 m   15.29 m

5.2 m

3.98 m

2.72 m

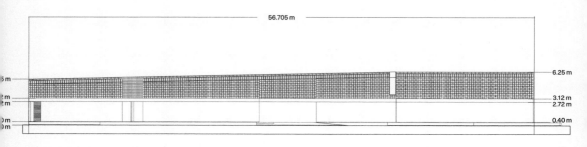

56.705 m

6.25 m

3.12 m
2.72 m

0.40 m

El desarrollo del diseño arquitectónico se basó en las siguientes premisas: entender el contexto e integrar a él la propuesta arquitectónica, desarrollar un diseño funcional y modular, que no requiriera ningún mantenimiento y, finalmente, que en su construcción se utilizara mano de obra local.

Debido al gran flujo de peregrinos, desarrollar un programa que se adaptara a sus necesidades no fue tarea fácil. El proyecto partió de la idea fundamental de proveerlos de sombra y agua, por lo que se optó por diseñar edificios con una gran flexibilidad de uso. De este modo, los edificios brindan servicios básicos como regaderas, sanitarios, lavabos y vestidores, mientras que también disponen de un gran espacio abierto que puede utilizarse para dormir, descansar o como salón de usos múltiples.

Después de analizar, por una parte, el contexto a profundidad, los usos y costumbres de los pobladores, el simbolismo religioso y, por otra, los colores, texturas, materiales y su utilización vernácula, se delinearon las directrices para desarrollar una clara estrategia de diseño que, con un lenguaje contemporáneo y utilizando materiales de la región, permitiera a los peregrinos identificarse con los albergues, remitiéndolos a peregrinajes anteriores.

La estrategia consistió en una serie de módulos base que, al multiplicarse, dieron forma a un edificio con capacidad de adaptación y expansión. El recinto está formado por dos módulos base hechos con blocks de adobe, cuyas tonalidades predominan en la región. Uno de estos módulos consiste en una celosía perimetral que genera un juego de luz y sombra y que hace alusión a las enramadas de hojas de roble que se encuentran en la mayor parte de los lugares de descanso de los alrededores, y las cuales tienen una gran calidad espacial.

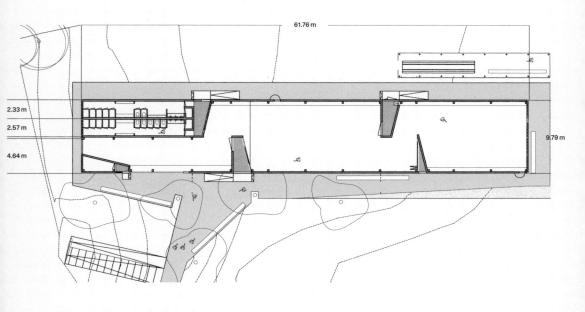

61.76 m

2.33 m
2.57 m

4.64 m

9,79 m

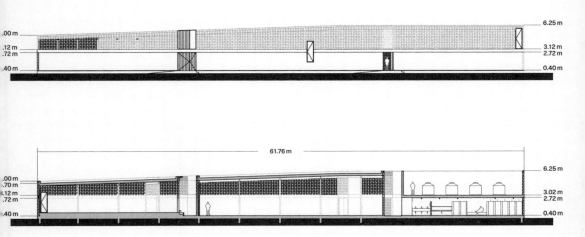

6.25 m

.00 m
.12 m
.72 m
3.12 m
2.72 m

.40 m
0.40 m

61.76 m

6.25 m

.00 m
.12 m
.72 m
3.02 m
2.72 m

.40 m
0.40 m

Albergue Estanzuela

Albergue Estanzuela

Ermita Las Majadas

Las Majadas Hermitage

Location Ubicación

Mixtlán, Jalisco, México

Architectural project Proyecto arquitectónico
Tatiana Bilbao Estudio

The Las Majadas Hermitage is the first hermitage on the route; pilgrims usually reach it on the second day of their walk. It is located in the middle of the forest, on a ridge with red-colored soil. Before the path starts to descend for approximately 20 kilometers, the pilgrims pass a clearance covered with red earth.

Two walls rising out of the earth guide the pilgrims into a labyrinthine center where the walls open up the view towards the sky. These two walls, warped into one another, create a shaded space closed off from the outside world and focused on the sky. This is an intimate space for rest and pray, before the pilgrims wind out in the opposite direction towards Talpa.

The two walls were designed and built out of concrete mixed with red earth from the site. They have a gradated height that rises to 8 meters, and a total length of 92 meters.

La Ermita Las Majadas es la primera ermita de la ruta. Los peregrinos llegan a ella en su segundo día de viaje. Está localizada al interior de un bosque, sobre una cresta de tierra colorada, que se extiende hasta que el camino comienza a descender y continúa cuesta abajo por 20 kilómetros.

Dos muros que parecen ser parte del paisaje –construidos con la tierra colorada de la zona, compactada y mezclada con concreto– guían a los peregrinos por un recorrido laberíntico hasta el centro de la ermita, donde las paredes se abren hacia el cielo. Al entrelazarse, los muros crean un recinto de sombra, un ambiente aislado del mundo exterior, que invita a la meditación, la oración y el descanso, antes de continuar con el recorrido hasta Talpa.

Los muros tienen una altura de ocho metros y una longitud total de 92 metros.

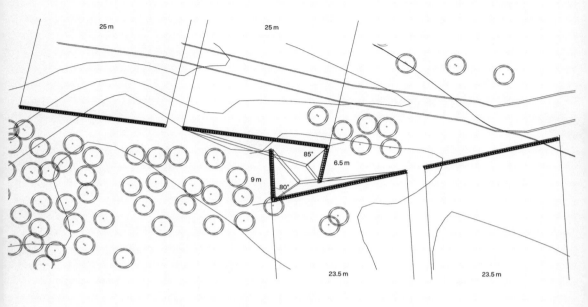

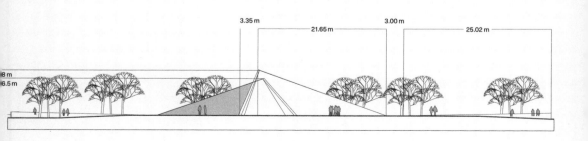

Ermita Las Majadas

Mirador Los Guayabos

Los Guayabos Lookout Point

Location Ubicación

Atenguillo, Jalisco, México

Architectural project Proyecto arquitectónico

HHF Architects

The HHF Lookout Point is designed to be an additional loop in the pilgrim's path. Its round shape was developed as a formal anticipation of the way the pilgrims might move across the platform, ascending to enjoy the spectacular view across the surrounding countryside before descending again. The asymmetrical arched openings provide access to an open hall that is covered by the platform above. The inner walls are a shifted repetition of the primary facade, resulting in four tangential circles between which the two staircases define a route up to the platform and back down. The only exception to the curved shape is a brick wall with a cross-shaped opening into the most protected part of the building, which serves as an intimate room for rest and prayer.

El mirador se diseñó como un periplo en el sendero del peregrino. Su forma redonda se desarrolló anticipando formalmente el movimiento del viajero que cruza el espacio interior y asciende a la plataforma para disfrutar de vistas espectaculares, antes de reincorporarse a su trayecto lineal. Las aperturas asimétricas de las arcadas que sostienen la estructura generan un corredor abierto debajo de la plataforma del mirador. Los muros interiores constituyen una repetición desplazada de la fachada principal, que dan lugar a cuatro círculos tangenciales, entre los cuales surgen las dos escaleras que definen la ruta hacia la plataforma y de vuelta hacia abajo. La única excepción a la forma curveada del edificio es un muro de ladrillo con una apertura en forma de cruz que, al hallarse en la parte más protegida del edificio, funciona como una pequeña sala para el descanso y la oración.

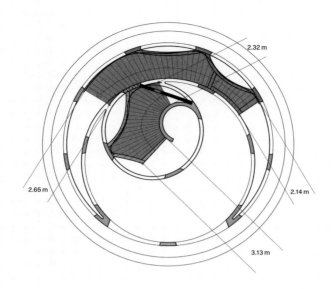

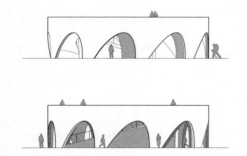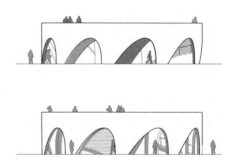

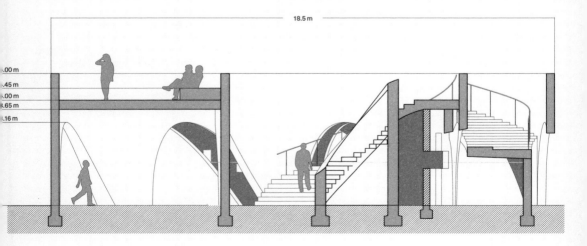

Mirador Los Guayabos

Mirador Espinazo del Diablo

Espinazo del Diablo Lookout Point

Location Ubicación
_____
Atenguillo, Jalisco, México

Architectural project Proyecto arquitectónico
ELEMENTAL

Building in a remote place should generate architecture capable of ageing as if it were a natural element. We thought about a sort of hollowed stone, shaped to rest calmly on the edge of the hillside, with the purpose of offering pilgrims a resting place with deep shade, cross-ventilation, and a view back over the long path just taken to get there.

Cuando se construye en lugares remotos, debe crearse una arquitectura que sea capaz de envejecer con el paisaje. El diseño arquitectónico consistió, así, en la construcción de un volumen que asemeja una piedra hueca, cuya forma doblada sobresale de la pendiente de la colina. La única función de este mirador es ofrecer a los peregrinos un lugar al exterior para descansar bajo la sombra, al tiempo que aprovecha la ventilación natural y acentúa la vista privilegiada para disfrute de quienes llegan ahí tras haber recorrido más de 100 kilómetros.

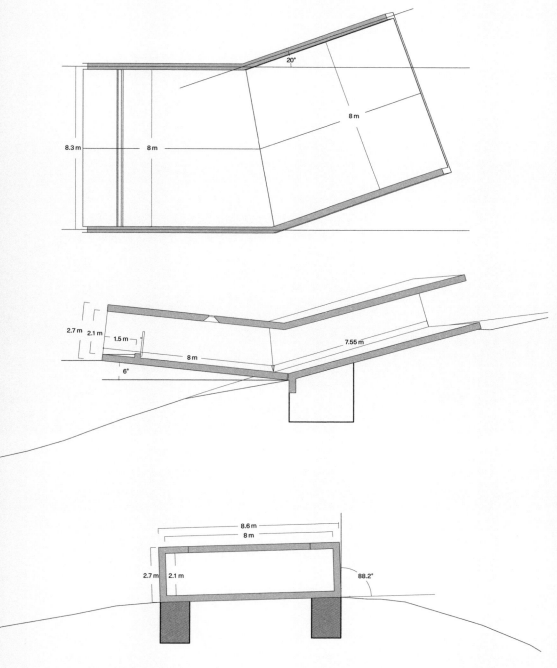

Mirador Espinazo del Diablo

Vacío Circular

Void Temple

Location Ubicación

Cocinas, Jalisco, México

Architectural project Proyecto arquitectónico

Dellekamp Arquitectos / Rozana Montiel

The circle, a universal symbol of unity, transcends borders, cultures, and languages. It appears again and again in religious rituals and representations, from the halo around sacred figures to the host offered during Christian Communion. It also represents a cycle, a journey without end, and thus symbolizes the faith of the pilgrims. The circular wall of white concrete was built respecting the irregularity of the terrain. Here pilgrims are offered a place of reflection and peace before they proceed to their final destination in the sanctuary of the Virgin of Talpa.

El círculo, símbolo universal de la unidad, trasciende culturas, fronteras e idiomas. Aparece una y otra vez en los rituales y las representaciones religiosas, desde el halo de las figuras sagradas hasta la forma de la hostia que se ofrece durante la comunión cristiana. Asimismo, representa un ciclo, un viaje sin fin, simbolizando la fe de los peregrinos. El muro circular de concreto blanco fue construido respetando la irregularidad del terreno; ofrece un lugar de reflexión y sosiego para el peregrino antes de continuar hacia su destino final, el santuario de la Virgen de Talpa.

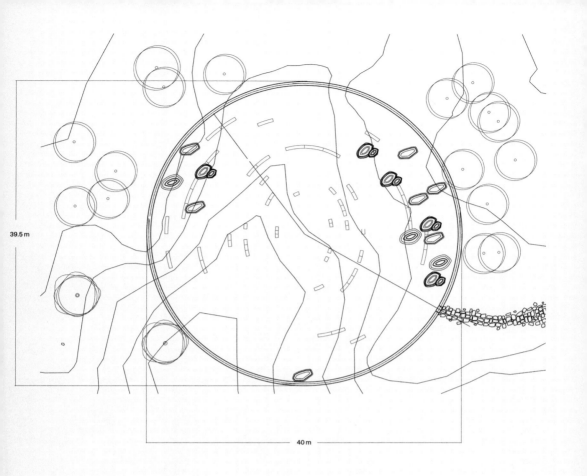

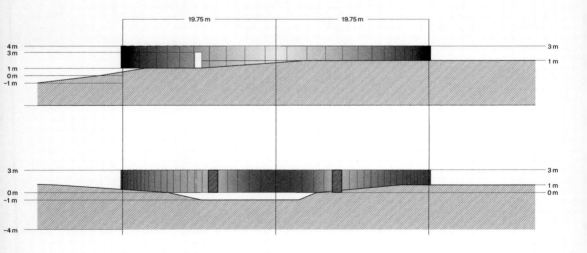

Vacío Circular

Vacío Circular

Estos ideogramas nos sobrevivirán, como vestigios de una fe perdida. Cuando hayamos desaparecido quedarán los despojos de este rosario, de ese códice escrito en el paisaje.

Verónica Gerber Bicecci

Rosario

Verónica Gerber Bicecci

Rece un rosario. Piense en el recorrido de la oración,
su murmullo. Una a una, cada cuenta conforma un
camino para el espíritu. Diez avemarías, diez cuentas
pequeñas. Cada diez cuentas, una más grande,
distinta, señala los misterios, el padrenuestro, el salve.
La cruz indica el principio y el fin.

Dibuje mentalmente el códice de la Ruta del Peregrino:
cada estación de la travesía aparece en este pergamino
como una inscripción, una escritura abstracta. Se trata
de un texto inscrito en el paisaje con cemento y ladrillos.
Cada estación dibuja un ideograma dentro de una
vasta y misteriosa plegaria:

I III X __i mmmm __/\> * <mm> (Q) L__ o ii/\ii

I III I
Capilla Abierta de la Gratitud
Cuatro estelas. Método de orientación. Norte, Sur,
Este y Oeste; siempre hay cuatro rutas posibles.
La arquitectura a veces funge como rosa de los vientos.
Hacer el signo de la cruz.

X
Mirador Cerro del Obispo
Un mirador vertical para recordar que alguien está allá
arriba. La luz entra en lo alto y nos ilumina. La arquitectura casi siempre se escribe en vertical y nos obliga
a levantar la mirada. Rezar el padrenuestro.

___i
Santuario Estanzuela
Un largo pasillo insertado en el cerro. La mitad de su
estructura se oculta en la tierra. Una vereda hacia
el precipicio, hacia el horizonte. La arquitectura también
suele insistir en el camino, no hay vertical sin la
horizontal. Rezar tres avemarías.

mmmm
Albergue Estanzuela
Una guarida se reconoce por el techo. Ahí el cuerpo
puede recostarse, protegerse, descansar. La arquitectura nos interpone un cielo un poco más bajo que
el del firmamento. Rezar el gloria.

___/\>
Ermita Las Majadas
El triángulo, en arquitectura, produce una sensación
de seguridad porque puede soportar mucho peso
sin deformarse. En este punto, los muros se abrazan,
se dan la mano. Anunciar el primer misterio.

*

Guirnaldas
Los peregrinos dejan mensajes debajo de las
guirnaldas o en los pequeños santuarios a lo largo
del camino. Su nombre y apellido, el año. Hay
también flechas, pintas, inscripciones y grafitis por
doquier. Anunciar el segundo misterio.

<mm>
Albergue Atenguillo
En un refugio también estamos como en una tumba.
Las tumbas son el final o, tal vez, un portal a otra
dimensión. Anunciar el tercer misterio.

(Q)
Mirador Los Guayabos
Espirales ascendentes, arcos. Escalones. La arquitectura construye una red entre espacio vacío y
espacio ocupado. La espiral recuerda a un laberinto.
Anunciar el cuarto misterio.

L___
Mirador Espinazo del Diablo
En el lugar más alto del recorrido hay un gran ventanal
al fondo de un túnel. Las ventanas son el enigma
transparente de la arquitectura. Un marco que dibuja
la frontera entre el afuera y el adentro. Mirar, ser
el límite por un momento. Anunciar el quinto misterio.

o
Vacío Circular
La última estación antes de llegar al santuario señala
el infinito. El círculo es una figura continua. Son pocas
las veces en que la arquitectura se suspende en
el espacio. Contemplación. A partir de aquí, el viaje
continúa de otro modo. La fe es eso que flota, se agita
y ondula en el cuerpo, y que no se puede describir.
Rezar el salve.

ii/\ii
Basílica de Nuestra Señora del Rosario de Talpa
Las estaciones atrás han escrito este rosario.
Ese texto arquitectónico nos trajo hasta aquí, a Talpa.
La arquitectura es espacio, pero su lógica es, en
realidad, la de un viaje en el tiempo. Amén.

Imagine el futuro: las piedras nos sobrevivirán. Estos ideogramas nos sobrevivirán, como vestigios de una fe perdida. Cuando hayamos desaparecido quedarán los despojos de este rosario, de ese códice escrito en el paisaje. Vendrán otros peregrinos, de otras civilizaciones, a descifrar esos espacios (o lo que quede de ellos). Tal como lo hacemos con las ruinas, los textos y los rituales de quienes nos preceden.

*Se camina hacia
un destino que está tanto
afuera como adentro
del peregrino.*

Daniel Saldaña París

Peregrinaje y arquitectura

Daniel Saldaña París

> *An Eskimo custom offers an angry person release by*
> *walking the emotion out of his or her system in a*
> *straight line across the landscape; the point at which*
> *the anger is conquered is marked with a stick,*
> *bearing witness to the strength or length of the rage.*[1]
>
> Lucy R. Lippard

El ascenso al Tepeite, hasta la zona de las pozas, podía llevar unas tres horas a buen paso. El cerro al principio parecía bastante ralo, afectado por la tala y por la construcción de un canal que proveía de agua a todo el pueblo. Uno caminaba junto al canal —un elemental acueducto en piedra—, dejándose guiar por el sonido del agua. Conforme se avanzaba, el bosque de coníferas se iba espesando en torno a la vereda que transcurría junto al acueducto; la pendiente se iba haciendo cada vez más pronunciada; los animales avistados eran cada vez más coloridos. Los locales, habitantes del pueblo de Santa María Ahuacatitlán, paseaban sobre todo en las zonas bajas del cerro, aunque algunos subían en grupos hasta la cumbre. Al cabo de tres horas, uno llegaba a la fuente del canal: un río de apenas tres o cuatro metros de ancho en aquel punto —quizás un afluente del río Tetela, no lo sé—, con idílicas pozas donde los caminantes podían sumergirse.

El Tepeite conecta a Santa María con el Parque Nacional Lagunas de Zempoala, a través del bosque de Huitzilac. Los caminantes más avezados continúan la ruta y descienden hacia las lagunas, acampando en algún punto del trayecto. Una de las veredas divergentes del cerro se tuerce hacia el oeste y se vincula con la antigua subida a Chalma. Aunque no es el trayecto más usado, algunos peregrinos caminan una parte del Tepeite para luego sumarse a aquella ruta de peregrinación, una de las más importantes del catolicismo sincrético mexicano, en los límites de Morelos con el Estado de México.

Durante mi adolescencia viví en las faldas del Tepeite, y a menudo remonté el cauce del canal hasta las pozas del río y un poco más allá. Llegaba hasta ahí exhausto, solo, y encontraba en el agua el alivio buscado. Caminaba con atención al ritmo de mi respiración y de mis pasos. Buscaba un tipo de silencio que sólo se alcanza en la agitación aeróbica, con las venas de la frente marcadas por el esfuerzo y la mirada perdida de quien tiene una meta en un lugar, digamos, suprasensible. Criado en una familia más bien atea, jamás consideré sumarme a la peregrinación a Chalma ni a ninguna otra ruta de peregrinaje establecido. Miraba a los peregrinos que me topaba en mi ascenso con admiración pero también con cierta distancia: el suyo era un mundo, y un estilo de caminar, que me estaba vedado −o eso creía entonces.

Pero el mito de que el progreso de los pueblos implica una total secularización de sus costumbres me parece cada vez más endeble y dudoso. Las formas de lo religioso se transforman y emergen en el contexto de las sociedades laicas bajo disfraces no siempre reconocibles. Sin saberlo, a mis dieciséis años convertí el ascenso al Tepeite en una caminata ritual propia, un método de purificación que estaba lejos de cumplir con las exigencias del logocentrismo que mi educación había marcado como ineludibles.

¿Qué es lo que caracteriza a las caminatas rituales o peregrinajes? El hinduismo designa como *tirthas* a los lugares sagrados de peregrinación. *Tirtha* es vado: lugar por donde es posible atravesar un cuerpo de agua, la zona menos riesgosa para cruzar un río. Pero la religión concibe tres tipos de *tirtha*: el primero es vado, confluencia de cuerpos de agua, desembocadura; el segundo es el *tirtha* mental, interior (el estado que el peregrino busca alcanzar, en sí mismo, la respiración y el silencio); el tercero son los *tirthas* móviles: personas que en virtud de su santidad se han convertido ellos mismos en un *topos* sacro. Casi todos los sistemas de culto y las principales religiones coinciden en la unión de los dos primeros tipos de *tirtha*. Se camina hacia un destino que está tanto afuera como adentro del peregrino.

El budismo tibetano es una de las pocas tradiciones budistas en que se practica la caminata circunvalatoria ritual. Los devotos caminan en círculos en torno a una montaña sagrada (el monte Kailash), a menudo practicando la prosternación completa cada pocos pasos (es decir, tocando el suelo con la frente, sin importar los accidentes orográficos). Se puede encontrar un registro moderno de esta costumbre en el documental *Wheel of Time* (2003), de Werner Herzog. Pero lo interesante de esta tradición es que el destino exterior de la peregrinación es menos importante que el destino interior: los peregrinos deben concentrarse en un mandala que recorren con la imaginación mientras sus cuerpos avanzan por las escarpadas regiones de la montaña.

"Ni a los lestrigones ni a los cíclopes/ ni al salvaje Poseidón encontrarás/ si no los llevas dentro de tu alma/ si no los yergue tu alma ante ti", escribe Cavafis.[2] La meta de la peregrinación es doble y, en última instancia, el destino es irrelevante: "Ítaca te brindó tan hermoso viaje./ Sin ella no habrías emprendido el camino/ pero no tiene ya nada que darte". Ítaca, el destino, es un estado de ánimo del peregrino: un cierto fervor, una paz, una precisa modalidad del entusiasmo.

Mi ascenso ritual al Tepeite era, en cierto modo, parecido a la costumbre de los esquimales descrita por Lucy Lippard en el epígrafe que abre estas líneas: no había una meta fijada en el bosque de antemano, sino más bien una morada interior —por decirlo con santa Teresa de Jesús— a la que me dirigía, casi siempre avanzando a pasos largos y veloces, con el vigor irreprimible de mi ira. Al caminar por la vereda del Tepeite para alcanzar un estado de paz interior (para encontrar el *vado* donde cruzar al otro lado de mí mismo), sin saberlo, me acercaba a la comprensión de aquellos peregrinos con los que me cruzaba, de tanto en tanto, en su camino a Chalma.

Aunque la peregrinación se asocie a las religiones instituidas, en realidad las antecede y rebasa. Resabio del nomadismo pero también práctica en la base del pensamiento occidental —desde los filósofos peripatéticos de la Grecia antigua hasta los ensayistas ingleses, pasando por Rousseau—, la caminata como actividad medicinal del alma es una noción que trasciende épocas y estructuras. Cuando Werner Herzog, en el otoño de 1974,[3] emprendió una peregrinación personal, caminando de Múnich a París para pedir por la salvación de su amiga Lotte Eisner, no estaba haciendo un comentario sobre la historia de las peregrinaciones, ni cediendo al *pensamiento mágico organizado* de las grandes religiones monoteístas, sino siguiendo una intuición universal que probablemente ha definido a nuestra especie desde el alba de su aventura bípeda. El vínculo de la caminata con los procesos de duelo o penitencia bien podría estar en el origen mismo de la fe.

Pero las peregrinaciones no son solamente el retorno del héroe a Ítaca, ni el camino silencioso del asceta, ni el solitario tránsito del eremita a través del desierto de su fe. El peregrino es pájaro de parvada, sometido a las formaciones de vuelo, a las rutas de una colectividad que lo precede y le da sentido.

"La modernidad no puede ser pensada como una politización/secularización de las sociedades, que se traduciría en el decline de los peregrinajes".[4] La idea de que la humanidad puede prescindir completamente de la dimensión religiosa alimentó los sueños de la razón ilustrada –que produjeron monstruos. Hoy en día, ese fin parece cada vez más irrealizable. El eterno retorno de lo reprimido resultó ser una realidad aterradora: cuando las sociedades aniquilaron por decreto la existencia de lo religioso, el Estado, como entidad suprema, tomó su lugar en los sistemas totalitarios del siglo xx. Las peregrinaciones laicas de la política de masas[5] no son sino el revés oscuro de una necesidad humana de encontrar sentido mientras se avanza.

Comunión peripatética, peregrinar es acompañar al otro en su camino hacia sí mismo. La dificultad de ese tránsito interno, claro, debe encontrar una traducción física, una adversidad a la medida. Como recuerda Rebecca Solnit: "Pilgrims […] often try to make their journey harder, recalling the origin of the word travel in *travail*, which also means work, suffering, and the pangs of childbirth".[6]

La dificultad del peregrinaje deberá ser proporcional a la petición o la culpa que el peregrino desee obtener o expiar. Según la purificación que uno deba atravesar para encontrar la paz, será el tamaño del obstáculo que se imponga. Estas equivalencias o tablas de precios son sumamente precisas y pueden venir dictadas por la fe individual o la norma compartida de un culto.

En el hinduismo, si uno comete la ofensa mayor de asesinar a un brahmán, deberá caminar en línea recta en dirección noreste, sin importar los ríos, las montañas o las bestias salvajes, hasta encontrar la muerte.

El espacio involucrado en la experiencia del peregrino no puede ser reducido a las coordenadas cartesianas. En la peregrinación, "el espacio se hace astillas en los sitios".[7] Los mapas que consignan las rutas de peregrinaje contienen indicaciones aproximadas, pero sobre todo reafirman el carácter simbólico del trayecto. No puede haber una representación puntual del mundo, pues el paisaje del peregrino es tanto interior como físico. Si yo hubiera querido trazar el mapa de mi ascención al Tepeite, habría tenido que consignar, de algún modo, las variaciones de mi respiración, los momentos de plenitud cardíaca o el avistamiento repentino de los loros, como insinuaciones místicas en la maleza. La topografía del peregrinaje es necesariamente *hierográfica*: dibuja una espacialidad de lo sagrado.

Por otro lado, el tiempo mítico en el que transcurren las peregrinaciones debe convivir con la temporalidad de la Historia, que siempre pasa dejando un reguero de sangre. En nuestros días, peregrinar en México es peregrinar por un país sembrado de fosas, sometido por la amenaza constante del crimen organizado. Pero para el peregrino el peligro es un aliciente que aumenta el valor de la penitencia: incluso en los más revueltos y sanguinarios tiempos de la Revolución o la guerra de los cristeros, rutas como la peregrinación a Talpa, en Jalisco, han mantenido viva la tradición, especialmente en Semana Santa. Esta continuidad no puede atribuirse exclusivamente al vigor de la fe –que no pongo aquí en duda–: es innegable que también juega su parte la utilización política de las peregrinaciones, cuya historia es en sí misma un tema fascinante en el que no puedo detenerme mucho.

Durante la Edad Media, con Tierra Santa bajo el dominio musulmán, surge el "peregrinaje de sustitución", elemento fundamental en la expansión de la Iglesia católica. Cualquier cerro, montaña o montículo se convierte, por asimilación analógica, en el Gólgota. Un juego de espejos multiplica, distorsionada, la orografía de Jerusalén, proyectándola por todo el mundo. De la noche a la mañana, toda colina es Calvario. Las montañas pierden su individualidad y se convierten en signos: estructuras semánticas que apuntan hacia otro sitio. A diferencia de las caminatas rituales de meta única, como la gran peregrinación a la Meca del islam (considerado uno de los cinco pilares de dicha religión), la versatilidad del catolicismo permitió, gracias al peregrinaje de sustitución, la identificación de los puntos de culto con construcciones religiosas preexistentes. En el caso del Nuevo Mundo, las órdenes mendicantes aprovecharon las rutas de peregrinaje de la época prehispánica para afianzar el proceso evangelizador durante la Colonia.

Al margen de estas estrategias, es interesante el tipo de arquitectura que el peregrinaje de sustitución católico propicia, y cuyo apogeo tiene lugar a partir del fracaso de las grandes cruzadas de la Edad Media. Una de las construcciones directamente derivada del peregrinaje de sustitución son las ermitas del calvario: edificaciones de culto no permanente a las que los peregrinos acuden en la fecha señalada de la crucifixión del Cristo.

Si la catedral es construcción para la eternidad, cuyo sentido fundamental es la permanencia, las ermitas son edificios levantados para un reloj distinto: no la posteridad inmóvil, sino el tiempo circular del mito, que activa y desactiva la sacralidad de un *topos* según la indicación del calendario religioso. La sencillez de las primeras ermitas refleja esa peculiar situación, su temporalidad cíclica. La ermita rupestre de San Vicente, en Pisuerga (España), construida hacia el año 932, es un ejemplo de esa arquitectura mínima, concebida para el tiempo del rito y el mito. Se trata de una capilla excavada a partir de una cueva: una galería rectangular de groseros vanos, rodeada de un puñado de tumbas. La ermita es templo provisorio, pero, sobre todo, es refugio y sombra: techo apenas para que el peregrino evite el rayo del sol en primavera.

Hace seis años, Dan Stevenson, vecino de la calle East 19th, en Oakland, California, decidió que estaba harto de ver pilas de basura frente a su casa. Se trataba de un barrio violento, con narcomenudistas y prostitución, pero él lo único que quería remediar era la acumulación de basura. Así que compró una escultura de un Buda y la empotró en la piedra, en el espacio público. Dan no era ni es budista, pero pensó que poner la escultura evitaría que los seguidores de cualquier religión —o de ninguna— dejaran bolsas en aquel punto. El Buda no sólo disuadió a los vecinos de arrumbar desechos, sino que se convirtió en un destino de peregrinación de la comunidad vietnamita de Oakland. Una familia lo tomó a su cargo. Le construyeron un pequeño santuario, lo pintaron y la gente comenzó a dejarle ofrendas. Lentamente, el Buda atrajo visitantes locales y foráneos. Su leyenda creció a través de las redes sociales y los artículos periodísticos.[8] Con la celebridad del santuario vino también un lento cambio en el barrio. Los narcotraficantes y los proxenetas fueron paulatinamente desplazados por ancianos, turistas y familias que se acercaban a dejar su ofrenda o tomarse una foto con el Buda de la calle 19. Una mínima intervención ciudadana, incidental, detonó una serie de modificaciones en términos de urbanismo, gracias al peregrinaje.

Claro que también hay peregrinaciones que exigen la construcción de ciudades enteras, instantáneas, portátiles, como las descritas por Marco Polo para el Gran Kan en el libro de Italo Calvino.[9] El *Kumbh Mela* hinduista, que tiene lugar cada doce años, es el mayor peregrinaje del mundo. Alrededor de 120 millones de personas se dieron cita, durante dos meses de 2013, para bañarse en las aguas del Ganges en un territorio de apenas 20 kilómetros cuadrados. Se calcula que 30 millones de peregrinos llegaron a confluir en un solo día. Allahabad, la ciudad que recibió esta ingente cantidad de visitantes, tiene una población fija de poco más de un millón de personas. Las cifras de la infraestructura hablan por sí mismas: un hospital de cien camas y doce centros de salud más pequeños, 156 kilómetros de carreteras, más de 80 millones de litros de agua potable, 25 800 toneladas de arroz y trigo, 30 estaciones de policía y 40 puestos de seguridad, 22 mil puntos de alumbrado público, estacionamiento para 231 000 vehículos (incluyendo autobuses y tráilers), 750 trenes…[10] ¿Qué tan masivo puede ser lo efímero? ¿Y qué tan efímero es realmente lo que está llamado a repetirse, sin interrupción, mientras la humanidad persista, terca, en trazar círculos?

La arquitectura de peregrinación se enfrenta a una doble exigencia: debe ser fiel al paisaje interior del peregrino, propiciar la *tirtha* mental, evocar el mandala, referir por sustitución el ascenso del Gólgota; y, a la vez, cumplir como refugio, como cobijo y resguardo de una comunidad flotante que pasa, de rodillas o prosternándose, en su camino ritual hacia una cierta calma.

El emperador Ashoka, en la India del siglo iii a.C., desató una guerra en la que murieron más de cien mil personas. Arrepentido por el dolor que había provocado, Ashoka se convirtió al budismo y peregrinó a los cuatro puntos fundamentales indicados por el Buda: ahí donde el iluminado nació, donde tuvo lugar su despertar, donde dictó su primer sermón y donde murió junto a su discípulo. Ashoka mandó construir en cada punto un templo para recibir a los peregrinos, asegurando así la primera gran expansión del budismo.[11]

Edificar para el peregrinaje es sentar los fundamentos de una comunidad dispersa. Bajo los techos de las ermitas excavadas en la montaña, en las carpas de Allahabad, en el pozo de Zamzam rumbo a La Meca o a la sombra de los altos ahuehuetes camino a Chalma (adonde ya se peregrinaba en tiempos prehispánicos para honrar al Señor de las Cuevas), lo religioso se convierte en político: conversión y conversación confluyen allí donde los peregrinos se sientan a compartir el agua.

1   *Overlay: Contemporary Art and the Art of Prehistory*, The New Press, Nueva York, 1995. "Una costumbre esquimal para liberar del enojo a una persona consiste en hacerla caminar en línea recta por el paisaje, para sacar de su cuerpo una emoción; el punto donde venza al enojo es marcado con un palo, para dejar constancia de la fuerza o la longitud de la ira." (traducción de Sandra Alvarez Hernández)
2   "Ítaca", trad. Pedro Bádenas de la Peña. En C. P. Cavafis, *Antología poética*, Alianza Editorial, Madrid, 1999.
3   El diario de la peregrinación de Herzog es *Of Walking in Ice*, University of Minnesota Press, Minneapolis, 2015.
4   Luc Chantre, Paul D'Hollander y Jérôme Grévy (coords.), *Politiques du pèlerinage. Du xviie siècle à nos jours*, Presses Universitaires de Rennes, Rennes, 2014.
5   Por ejemplo, a la tumba de Mussolini, que atrae unos 24 000 peregrinos anuales de acuerdo con Giovanni Sedita (*ibid.*, p. 341).
6   *Wanderlust. A History of Walking*, Penguin, Nueva York, 2000.
7   Heidegger, en la lírica y abstrusa traducción de José Gaos: *El ser y el tiempo*, FCE, México, 1951.
8   "He's neutral", en *Criminal*, episodio 15: http://thisiscriminal.com/episode-15-hes-neutral/
9   *Las ciudades invisibles*, trad. de Aurora Bernárdez, Ediciones Siruela, Madrid, 1997.
10 "Kumbh Mela festival", en BBC News India (http://www.bbc.com/news/world-asia-india-20935019), consultado el 15 de agosto de 2016. Y "Official Website of Kumbh Mela 2013" (http://kumbhmelaallahabad.gov.in/english/kumbh_at_glance.html), consultado el 15 de agosto de 2016.
11 Alberto Pelissero, Nicoletta Celli *et al.*, *Pellegrinaggi*, Mondadori Electra, Milán, 2011.

Contributors
Colaboradores

Iwan Baan

Dutch photographer Iwan Baan is known primarily for images that narrate the life and interactions that occur within architecture. Baan's photographs reveal our innate ability to reappropriate our available objects and materials in order to find a place we can call our own. Architects such as Rem Koolhaas, Herzog & de Meuron, Zaha Hadid, SANAA, and Morphosis turn to Baan to give their work a sense of place and narrative within their environments. Alongside his architecture commissions, Baan has collaborated on several book projects such as *Insular Insight: Where Art and Architecture Conspire with Nature* (2011), *Torre David: Informal Vertical Communities* (2012), *Brasilia–Chandigarh: Living with Modernity* (2010), and *Portman's America* (2017). He was the inaugural recipient of the Julius Shulman Institute Excellence in Photography Award.

Iwan Baan, fotógrafo holandés, es conocido principalmente por sus imágenes que narran la vida y la interacción que ocurre en la arquitectura. Las fotografías de Baan nos revelan la capacidad innata que tenemos para reapropiarnos de los objetos y materiales disponibles, con la finalidad de encontrar un espacio que podamos llamar nuestro. Arquitectos como Rem Koolhaas, Herzog & de Meuron, Zaha Hadid, SANAA y Morphosis recurren a Baan para dar a sus obras un sentido de lugar y una narrativa en el marco de sus entornos. Además de su trabajo fotográfico, Baan ha colaborado en diferentes proyectos editoriales, como: *Insular Insight: Where Art and Architecture Conspire with Nature* (2011), *Torre David: Informal Vertical Communities* (2012), *Brasilia–Chandigarh: Living with Modernity* (2010) y *Portman's America* (2017). Fue el ganador inaugural del Premio a la Excelencia Fotográfica que otorga el Instituto Julius Shulman.

Tatiana Bilbao

The work of Tatiana Bilbao Estudio begins analyzing its immediate local context translating rigid social codes into architecture through a multicultural, multidisciplinary perspective. In a reaction to global capitalism's alienating spatial products her work attempts to regenerate and humanize places, opening up niches for economic and cultural development. Tatiana's work has been recognized with awards such as the Emerging Voice of the Architecture League of New York (2010), Kunstpreis Berlin (2012), Global Award for Sustainable Architecture (2014), and Architizer's Impact Award (2017). She has taught as a visiting professor at the Universities of Yale, Rice, and Columbia GSAPP. Her work has been published in *A+U, GA Houses, Domus*, and *The New York Times*, among others.

El trabajo de Tatiana Bilbao Estudio busca comprender la arquitectura desde lo multicultural y lo multidisciplinario para crear espacios humanizados, que reaccionen ante el capitalismo global, con la finalidad de abrir nichos para el desarrollo cultural y económico. Tatiana ha sido reconocida con el premio Emerging Voice de la Architectural League of NY (2010), el Kunstpreis Berlín (2012), el Global Award for Sustainable Architecture Prize (2014) y el Architizer Impact Award (2017). Algunos de sus proyectos forman parte de la Colección del Centro Georges Pompidou en París, desde 2010. Ha sido invitada como profesora visitante a diversas universidades como Rice, Columbia GSAPP y Yale. Su trabajo se ha publicado en *A+U, GA Houses, Domus* y *The New York Times*, entre otros medios.

Verónica Gerber Bicecci

Verónica Gerber Bicecci is a visual artist who
writes. She published the books: *Mudanza [Moving
Out]* (2010) and *Empty Set* (2015). Some of her
projects in other media are: *Migrant Words* (2017),
Art Association, Jackson Hole, Wyoming; *The
Speakers No. 2* (2016), Museo Amparo, Puebla;
and *The amplified void* (2016), Casa–Taller José
Clemente Orozco, Guadalajara. She is editor at the
cooperative Tumbona Ediciones, and tutor of
the Photography Production Seminar at Centro de
la Imagen. To learn more, visit:
veronicagerberbicecci.net

Artista visual que escribe. Ha publicado los libros
Mudanza (2010) y *Conjunto vacío* (2015). Algunos
de sus proyectos e intervenciones visuales más
recientes son: *Palabras migrantes* (2017) en la Art
Association, Jackson Hole, Wyoming; *Los hablantes 2*
(2016), en el Museo Amparo, Puebla; y *El vacío
amplificado* (2016), en la Casa–Taller José Clemente
Orozco, Guadalajara. Es editora en la cooperativa
Tumbona Ediciones y tutora del Seminario de
Producción Fotográfica del Centro de la Imagen.
Para conocer su trabajo visita:
www.veronicagerberbicecci.net

Daniel Saldaña París

Daniel Saldaña París is a writer, poet, and essayist.
He is author of the books of poems *Esa pura
material* (UACM, 2008, Jaime Reyes Prize for Young
Poets) and *La máquina autobiográfica* (Bonobos,
2012), and the novel *En medio de extrañas víctimas*
(Sexto Piso, 2013; translated as *Among Strange
Victims*, Coffee House Press, 2016). He has held
grants from the Mexican National Fund for Culture
and the Arts (FONCA, 2006–2007), the Mexican
Literature Foundation (2007–2009) and the artistic
residency program of the Conseil des Arts et des
Lettres du Québec (Montreal, Canada, 2012). He
has been writer in residence at Art OMI (New York,
2014 and 2015), The MacDowell Colony (New
Hampshire, 2016) and the Banff Centre (Canada,
2017). The Hay Festival included him in Bogota39-
2017, a selection of the best Latin American
writers under 40. He currently holds a FONCA/
Young Creators grant (2016–2017).

Daniel Saldaña París es narrador, poeta y ensayista.
Autor de los libros de poemas *Esa pura materia*
(UACM, 2008, Premio Jaime Reyes de Poetas Jóvenes)
y *La máquina autobiográfica* (Bonobos, 2012),
y de la novela *En medio de extrañas víctimas* (Sexto
Piso, 2013; Coffee House Press, 2016). Ha sido
becario del Fondo Nacional para la Cultura y las
Artes (2006-2007), de la Fundación para las
Letras Mexicanas (2007-2009) y del programa de
Residencias Artísticas del Conseil des Arts et
des Lettres du Québec (Montreal, Canadá, 2012).
Ha sido escritor residente en Art OMI (Nueva
York, 2014 y 2015), The MacDowell Colony (New
Hampshire, 2016) y en el Banff Centre (Canadá,
2017). Fue incluido en el Hay Festival en Bogotá39-
2017, una selección de los mejores escritores de
América Latina menores de 40 años. Actualmente es
becario del programa FONCA/Jóvenes Creadores
(2016-2017).

Architect Studios
Talleres de arquitectura

(1) Godoylab

Emiliano Godoy is a Mexican industrial designer, who has been working for almost twenty years with applied sustainability projects. Godoy uses design as a tool for generating positive changes in society and the environment. His design pieces are held in some of the most revered design museums' permanent collections and have received several international design awards.

Emiliano Godoy es un diseñador industrial mexicano que desde hace casi veinte años trabaja en proyectos de sustentabilidad aplicada, utilizando el diseño como una herramienta para generar cambios positivos en la sociedad y el medio ambiente. Sus diseños forman parte de las colecciones permanentes de algunos de los museos de diseño más prestigiosos y ha recibido numerosos premios y reconocimientos internacionales.

(2)
(6) Tatiana Bilbao Estudio

Tatiana Bilbao Estudio is an architecture practice based in Mexico City whose projects seek to effect social change through spatial interventions. The studio's work includes the Culiacan Botanical Garden, the Sustainable Housing that costs under 8,000 USD, and an upcoming building for the University of Monterrey.

Los proyectos de este estudio con sede en la Ciudad de México buscan tener un impacto social a través de intervenciones espaciales. Su trabajo incluye el plan maestro del Jardín Botánico de Culiacán, la Vivienda Sustentable con un costo menor a 8 mil dólares y un edificio para la Universidad de Monterrey actualmente en construcción.

(2)
(10) Dellekamp Arquitectos

Dellekamp Arquitectos, founded in 1999, is an atelier that aims to find unique solutions to the specific conditions of each project through a rigorous research methodology. Its multi-disciplinary approach endows its architecture with both pragmatic and creative attributes. For Dellekamp constraints are opportunities to develop creative solutions and deliver contextualized proposals, where theory and practice go hand in hand and spatial narratives are thought anew.

Fundado en 1999, Dellekamp Arquitectos es un estudio que busca encontrar soluciones únicas a las condiciones específicas de cada proyecto a través de una metodología de investigación rigurosa. Su enfoque multidisciplinario dota a su arquitectura de atributos tanto pragmáticos como creativos. De esta manera, Dellekamp Arquitectos participa constantemente en los campos académicos y pedagógicos, así como en estudios de investigación, conferencias, publicaciones, bienales y exposiciones.

(3) Christ & Gantenbein

Basel-based practice Christ & Gantenbein's growing body of work comprises housing, institutional buildings, infrastructures, and master plans. Award-winning projects include the renovations and extensions to the Kunstmuseum Basel and the Swiss National Museum Zurich (both 2016). Emanuel Christ and Christoph Gantenbein also teach at the Harvard Graduate School of Design.

Establecidos en Basilea, Suiza, el creciente conjunto de proyectos de Christ & Gantenbein comprende vivienda, edificios institucionales, infraestructura y planes maestros. La renovación y ampliación del Kunstmuseum en Basilea y el Museo Nacional Suizo en Zúrich, ambos de 2016, han sido premiados en diversas ocasiones. Emanuel Christ y Christoph Gantenbein son profesores de la Escuela de Posgrado de Diseño de la Universidad de Harvard.

(4) Ai Weiwei / FAKE Design

Founded in 2003, FAKE Design is a Chinese architecture studio led by Ai Weiwei who counts among the most influential and provocative contemporary artists. He is known as a forthright critic of political culture and violations of human rights in contemporary China. Ai Weiwei is active in sculpture, installation, architecture, curating, photography, and film. His work combines political activism, social commentary, and thought-provoking performances. It has received highest praise and numerous awards from all over the world and is exhibited at myriad institutions.

Fundado en 2003, FAKE Design es un estudio de arquitectura fundado por Ai Weiwei, quien se cuenta entre los artistas contemporáneos más influyentes y provocativos. Es reconocido por sus fuertes críticas a la cultura política y las violaciones a los derechos humanos en la China contemporánea. La obra de Weiwei abarca los ámbitos de la escultura, la instalación, la arquitectura, la curaduría, la fotografía y el cine. Su trabajo combina el activismo político, el comentario social y el performance reflexivo. Aclamado por la crítica, ha recibido múltiples premios internacionales y su obra ha sido expuesta en un gran número de instituciones.

(5) Luis Aldrete / Estudio de Arquitectura

(7) Since its foundation in 2007, the office has developed projects from artistic installations to urban scale projects. The base of their investigation is focused on local architecture, which denies unnecessary details. In the last years, the studio's work has been centered on high-density apartment blocks, developing an investigation into collective space as a catalyst for new social encounters. Within these last projects, it is important to mention the project Rinconada Margaritas, which has been selected for several worldwide publications.

Fundado en 2007, este despacho ha llevado a cabo proyectos que van desde instalaciones artísticas hasta obras de escala urbana. La base de la investigación se centra en la transformación de la arquitectura local, libre de detalles innecesarios. En los últimos años el trabajo se ha enfocado en conjuntos habitacionales de alta densidad, para lo que se ha investigado sobre el espacio colectivo como detonante de nuevos encuentros sociales. Entre estos proyectos cabe mencionar la propuesta de Rinconada Margaritas, la cual ha tenido un reconocimiento internacional.

(8) HHF Architects

Founded in 2003 by Tilo Herlach, Simon Hartmann, and Simon Frommenwiler, HHF Architects have realized numerous projects in Switzerland, Germany, China, France, Mexico, and the USA. The scope of work ranges from urbanism and large-scale construction to public pavilions and interior design.

Fundado en 2003 por Tilo Herlach, Simon Hartmann y Simon Frommenwiler, HHF Architects ha realizado numerosos proyectos en Suiza, Alemania, China Francia, México y Estados Unidos. La amplia gama de sus proyectos abarca desde planificación urbana y edificios de gran escala hasta pabellones públicos e interiorismo.

(9)   ELEMENTAL

ELEMENTAL is a Do Tank founded in 2001,
led by Pritzker Architecture Prize Winner 2016
Alejandro Aravena and his partners Gonzalo
Arteaga, Juan Cerda, Víctor Oddó, and Diego Torres.

ELEMENTAL's work stands out for engaging
in projects that range from housing to public space,
and from objects to buildings, covering a wide
spectrum of interests. Their unbiased approach
to any given question enables the office to enter
fields they haven't explored before, generating an
original contribution to people's quality of life.

ELEMENTAL es un Do Tank fundado en 2001,
dirigido por Alejandro Aravena, ganador del Premio
Pritzker 2016, y sus socios Gonzalo Arteaga, Juan
Cerda, Víctor Oddó y Diego Torres.

El trabajo de ELEMENTAL se destaca por la
participación en proyectos que van de la vivienda al
espacio público, de objetos a edificios, cubriendo
un amplio espectro de intereses. Su enfoque
imparcial a una pregunta dada, permite al estudio
incursionar en campos que no ha explorado antes,
generando una contribución original a la calidad
de vida de las personas.

(10)   Rozana Montiel / Estudio de Arquitectura

Studio specialized in architectonic design, artistic
re-conceptualization of space and public domain.
Rozana Montiel has been given the Moira Gemmill
Prize for Emerging Architecture (2017) as well
as the Emerging Voices Award of The Architectural
League of New York (2016).

Estudio especializado en diseño arquitectónico,
reconceptualizaciones artísticas del espacio y del
ámbito público. Rozana Montiel ha obtenido el
premio Moira Gemmill de la revista *The Architectural
Review,* y el premio Emerging Voices de la Architectural League de Nueva York (2016).

Landscape of Faith
Architectural Interventions along the Mexican Pilgrimage Route

Paisaje de fe
Intervenciones arquitectónicas a lo largo de la Ruta del Peregrino en México

Editor: Tatiana Bilbao, Gabriela Álvarez, Nuria Benítez, and Juan Pablo Ponce de León
Photography / fotografía: Iwan Baan
Essays / ensayos: Verónica Gerber Bicecci, Daniel Saldaña París
Translations / traducción: Fionn Petch (Spa.–En.)
Copyediting / lectorado de estilo: Sarah Quigley (En.), Valentina Rojas Loa (Spa.)
Proofreading / corrección: Sarah Quigley (En.), Sandra Alvarez Hernández (Spa.)
Coordination / coordinación: Maya Rüegg, Muriel Blancho
Design / diseño: Integral Lars Müller/Lars Müller and Anice Grossenbacher
Production / producción: Martina Mullis
Lithography / litografía: prints professional, Jan Scheffler, Berlin, Germany
Printing and binding / impresión y encuadernación: DZA Druckerei zu Altenburg, Germany
Paper / papel: Munken Polar, 150 gsm

© 2018 Lars Müller Publishers and the authors

No part of this book may be used or reproduced in any form or manner whatsoever
without prior written permission, except in the case of brief quotations embodied
in critical articles and reviews.

Lars Müller Publishers is supported by the Federal Office for Culture with a structural
contribution for the years 2016–2020.

Lars Müller Publishers
Zürich, Switzerland
www.lars-mueller-publishers.com

ISBN 978-3-03778-499-0

Printed in Germany

Distributed in the USA by / Distribución en los Estados Unidos por
ARTBOOK | D.A.P.
www.artbook.com

Distributed in Latin America by / Distribución en América Latina por
Arquine
www.arquine.com

For their support we thank / Por su apoyo le damos las gracias